# La Nef de Lutèce

par

## A. Robida

Prix : 5 fr.

# La Nef de Lutèce

pour tous pérégrins
& gentils hommes
voyageans & ri-
és du moult bel
quartier du
Vieux Paris
inclyte, royalle et
joyeuse
cité.

Se vend au Vieux Paris à l'enseigne des trois Écritoires en la
rue des Vielles Écoles emprès sainct
Julien des Ménestrels.

Fait en l.h.&r.d.d.r.&d.f.d.
par A. Robida, maistre enlumineur
et rubricquateur en la rüe des remparts à
l'enseigne de la chèvre qui harpe

MD · MDCCCC

Le dur yver est desrouté,
Le doulx printemps va reparaistre,
Cœurs sont joyeulx, roses vont naistre,
Dieu gart de Paris la cité.

Come tous chascun comunément
le saict, chevaulcher dès que fay-
re se peult en son prime aage
ou bien en aage plus meur, vers la
glorieuse cité de Paris est de-
voir & boñe ordoñance à tous filz de boñe mere en veüe
de se resjouir le cueur & la teste, ouvrir tous grands les
œilz come aussy l'entendement de la cervele aux signa-
lées institutions, beautés naturelles ou d'artifice particu-
lieres aux rives séquanes, nobles édifices, manoirs & logis
d'allègre contexture & façoñement & la fréquentation de tous
habitants d'iceulx, lesquelz depuis le Seigneur Duc ou prince en la cour du Roy jusqu'au dernier marchant de petits
balaiz sauf exceptions rares & pilorisables sont notbire-
ment curieux & badaulds, pour le vray dire, mais touiours moult agreables aux es-
trangiers.

Or donc a tous bourgeois, gentilhome, voire
gentille dame, tant des provinces du royaulme que
des pays estranges, serait trop long de dire
roupte & cheminement vers Paris veu que roup-
tes sont divers, mais toutes, come on disoit aux
aages de jadis pour la cité de Rome, bellement con-
duisent à Paris. La tant meilleure roupte touiours, c'est droict devant les oreylles du cheval &
de journée en nuictée, & d'hostellerie en        hos-

tellerie, lesquelles sont bones és pays de France &
bien pourvues, surtout és pays de Bourgogne & de
Normandie, de Touraine, & aultant dire, de tous notables Duchés, les tours de Paris sont bientost advenues.
Bien scai-je que pour ceulx qui n'ont poinct chevaulx
ou haquenées a eulx, il s'en treuve en certaines hostelle-
ries, de même coches d'excellente invention que les siècles
passés n'ont poinct cogneus ou barques pour aller co-
modément sur fleuves & rivières, sans aultres dangiers que de hurter les piles de ponts par male-a-
dresse des pilotes & mariniers, ou de couler aux
endroicts difficiles, mais poinct n'est bessin   d'en

2

faire le dis cours & itinéraire, vous aultres pérégrins le scavez mieulx encore que moy & mieulx vault, pour faire lebref, débarquer ou débotter de suite dedans Paris.

Suivant les plus doctes & scavants compilateurs des vieilles histoires le doulx royaulme Gaulois qu'on dict maintenant France, estoit desja cogneu cent ans ou environ ensuite

du jour où nos péres laisièrent la Tour babélique & l'on racompte que les dits Gaulois eurent pour le moins vingt & deux roys paravant la guerre des Grégeois au pays de Troie, & que desja leur langaige estoit le même gallant & fleury que parlons vous & moy. Or après la prise d'ycelle ville de Troie & les tueries tant plus espoventables que ces peuples n'estoient pour lors chrestiens, Francus vaillant chevalier fils d'Hector,

lequel estoit daulphin du roy Pri-
am, s'en vint chevaulchant avec ses
compaignons tous tant blessés &
meurtris que ne se peult dire, jusques
aux rivaiges gaulois du fleuve de
Seine, s'esmerveillèrent de les
voir tant beaux & abondans en blefs
& vignes.
Descidèrent Francus & ses
chevaliers, demourer en cés lieux
delectables & avecque le consente-
ment de nos pères Gaulois fondé-
rent en isle de bone assiete & défen-
dable une cité qu'ils appelèrent
Paris, en mémoyre du prince frère
du roy Hector & oncle de Francus
Et ledict Francus, aussy beau
chevalier que le roy nostre syre aujourd'
huy, espousa la fille du roy des Gaules
Et se nomèrent ses descendans Françoys
& nostre pays France.
Adoncques voycy les portes de ceste
cité de Paris glorieuse par le monde depuis ces
temps vieulx de six mille ans pour le moins dict on.
Cy est-il parmy les plus glorieuses portes
parisianes, plus renomable que la porte desdiée
à Monseigneur S.t Michel, chef & capittai-

ne des escadres che vale-
resques du ciel pour la deff
ense de nous paouvres hu-
mains contre les attaques
& surprises des diables
touiours rodans autour
de nos ames pecheresses.
S<sup>t</sup> Michel me protege &
vous aussy a touiours
& ne franchissons poinct
la porte sans un grand
salut à luy.

C'est icy que les bourgeois
& manans de Paris badaul-
ds bien cogneus & ioyeulx
ribauds aussy tout autant,
ce qui n'est peu dire, s'en
viennent bayer aux corneil-
les, entendre nouvelles des ve-
nans & gaillardiser ensem-
ble, & come parler siec hele
gosier, s'entre rafraichissent
de boñe cervoise, doulx hy-
dromel ou vins d'Anjou.
ie dis Anjou, car depuis le
le temps de Francus ou
mesme de Iulius César
les vignobles du Parisis
ont prins certaine rudesse
& aspreté qui faict que ie
ne vous en recomande le ius.
Et veu que icel-
le porte S<sup>t</sup> Michel conduict
au Pays des
Escoles au quar-
tier de l'Université
y voit on escholiers

a foison, gallants matois, moins prompts a ouvrir livres de sapience ou
courir aux leçons de leurs maistres quand s'entend la cloche de Sorboñe qu'a s'esbaudir
& ribauder aux tavernes, tels souqdados en ville prise d'assault, j'entends bienque

jeunesse se passe, mais ie cognois escholiers qui
ont d'aage quarante & plus & pourtant guères
ceulx-ci ne vont en sapience à la cheville d'un
portier de couvent.
L'université de Paris est mère de toute huma-
nité, royne de toute sagesse, emperière des lettres,
philosophie & scholastique, chascun le saict, mesme dans les nations les plus estranges, aux mar-
ches de Pologne, aux pays des scythes Russiens
& mesme chez les gregeois de Constantinopolis
qui sont durement opugnés par la gent de Ma-
hom que l'enfer attend
Les lettres vinrent de Grèce en passant par
Rome au temps des payens & pourroit on dire presque au vray, que Plato, Aristote y furent maistres, sans doubte, Plato n'y en-
seigna le droict canon Aristote la grammaire,
mais ils transpassèrent leur sapience aux
maistres Roscelin, Guillaume de Cham-
peaux, Abélard & moult autres qui la transva-
sèrent és cervelles des escholiers, toutesfois &
quantes lesdicts escholiers voulaient bien leur
bailler ceste cervelle & la vuider de toute pensée
se rapportant aux tant doulces tavernes pomme
de pin, bœuf couronné & aultres. Point ne veux
leur imputer ces pensées comme choses crimi-

nelles & pendables, ie révère
grandement gramaire, rethori-
que, dialectique, arithmétique,
musique, géométrie & astronomie
qui sont les sept arts libéraux,
mais pour ma part de paradis
iamais ie ne dirai mal du bœuf
couronné où le vin d'Anjou est
tant délectable & voire, sur ces
sept arts libéraux, il y en a pour le
moins ung que beaucoup honis-
sent. Lequel est cestuy? ie ne vous
ferai languir & ie dirai hardiment que c'est arithmétique au vray, torment du genre humain, gehenne des
paouvres chrestiens & payens à toute heure de leur
vie mis sur le faiet des pécunes moult injustement & durement aux mo-
ments les plus plaisants. Dites-vous non? Point ne vous crois-je.
Moyen tous caz; quand ie songe arithmétique, ie me sens come
sur le chevalet chez le tormenteur du Chatelet, aussy gehenne en mon
ame qu'aulcuns larroneurs ou vuide-goussetz, sur l'echelle de montfaulcon entre les mains du bourrel. Gousset vuide pour moy ou vui-
degousset; a la question, c'est tout un. Et alors sans pécunes, le bœuf
me montre ses cornes, la lamproye me tire la langue, le cheval blanc
me lance ruade, la hure me decoud le stomach, la teste noire me faict
grimace et l'ange m'est diable.

De plus sçavants homes que moy vous diront si ce chasteau du Louvre dont voyez icy girouettes dorées, estoit desja sur la riviè-
re de Seine aux temps où Julius César empereur des Romains
conquesta les Gaules. Cela je ne peux le
penser car l'exercite de Rome & tous les ca-
pittaines n'eussent pu trouver a mordre sur
ces haultes tours, j'espère que souldards romains eussent eu les mandibules rompues sous
les carreaux d'arbalètes & les pierres des man-
gonneaux avant d'arriver a l'eschellade de ces
remparts. Or bien ie suppose que cet an où pa-
rut le César de Rome a Paris lors appelé aussy
Lutèce, les françoys estoient trop
occupés aux vendanges y a gouster
leurs vins, ainsy se laissè-
rent dominer par surprise
& mal entendu aussy lors
revinrent ils de leurs celliers
trop tard estoit pour aviser
Ce Chasteau du Louvre
est pour la monarchie Françoyse le siège & le berceau
des Roys. Pharamond y fut il ie ne le scais, ou
l'empereur Charles avecque ses pala-
dins Roland & Olivier & l'archevêque
Turpin & les aultres mais nos roys
ces vaillants
homes, estoient
plus souvent aux
champs avecque
leur chevalerie
pour combattre
les mécréants
sarrazins ou
Normands qu'a se chauffer es belles chambres
encourtinées, en compaynie des ducz princes

& pairs & laissaient ils souvent belles & nobles dames filer la quenouil-
le avec soupirs de cœur & lamentations, en regardant vers les ~ ... si
elles voyaient les peñons des lances & l'oriflame de France revenir
des batailles & les bons chevaliers chevaulchant, les uns tout glo-
rieux, les aultes non moins, mais écloppés & se frottant les armu-
res pour les mauvais coups & horions reçus a travers tout le corps.
Mais ce est fortune de guerre, & vive la bataille, il est rien de tel
pour se dégourdir la musculature & donner bon goust aux vins,
du moins, moy home d'estude, ie le crois pour l'avoir entendu
d'un mien amy qui fut Capittaine de francs archers & suivit
le roy nostre syre en toutes ses querres, lequel franc archer
avoit bien six pieds de hault par malheur, car sa tete
en la dernière campagne, rencontra une boule de canon

9

dont tousceux de sa bande se moquaient
& lui ne s'en moqua point & la perdit,
teste, bacinet, cervelle & gosier, ce aquoi
touiours m'auait. il dict qu'il tenait
le plus
Et si nostre Syre le
Roy n'habite poinct son chas-
tel du Louvreque vous voyez,
non plus que le Palais la-bas
du Parlement, du quel oyez
clameur énorme des bavards,
discoureurs & chicaneurs, c'est
que pour l'heure il est aux
champs. La grant ville de Paris
de toute ancienneté décorée de
grands & notables droicts, noblesse,
prérogatives, previlléges, libertez,
& qui est l'honneur & ornement
du royaulme, se gouverne par le
Prévost du roy qui est au Grand
Chatelet & par le prévost des

le grand hostelet où les armatures sont gardées
et tenue en chaste

Marchands qui siège en l'Hostel
de la ville, aultrement dict Parlouer
aux Bourgeois, en la maison aux
Piliers sur la Grève, lequel édifice
est architecté en noble façon & manière. Si voulez voir messire le Prévost
des marchands en sa robe de veluyau
rouge tané & tous les eschevins &
procureurs, proufitez de ce qu'il
n'y a cejourdhuy nulle com-
motion de peuple ou sédition
de bourgeois & manants, a
quoy par quelque vertu
especiale de l'air , sáns

nul doucte, la gent de Paris est
assez sujette, cõme à la rhume
ou la fievre quarte, ce qui émeut
touiours par surcroit muttins,
tirelaines & gens de malvoulenté,
& en la parfin occasiõe pour certains d'eulx, pélérinage matutinal
au grant gibet de Montfaulcon.
Dieu vous veuil éviter la mesme
chouse, amy lecteur, & a moy aussy
amen. Mais cecy est devis poinct trop plaisant, adonque
parlons aultement. Rostisseries est subject de meilleur
goust & tavernes aussy.

jambons, qui sont animaux re-
comandables entre tous.
Boñes & louables fricassées &
galimafrées s'y peuvent ar-
rouser du meilleur de l'arbre de
vigne que le patriarche Noé
prit soing conserver & voulut
bien enseignerã planter ã nos
peres gaulois, que le bonhome
Noé en soict par nous louangé a
touiours, c'est le moins que devons!
L'arbre des Singes, cy a costé au
coing de la maison de l'apothecaire
est l'arbre du Jardin des pomes
d'or dont parlent les ansiens pay
ens a moins que ce soict plu tost

oult joyeulse ment ie contemple d'icy la
Taverne du Pré aux Clercs,
boñe & délectable, & la Galère
ou ie rame voulentiers, le Bœuf
Couronné dont goustez une tran-
che, la Lamproye, noble poisson
digne de la table des festins du
roy quand il traicte NS père
le pape, & l'Arche de Noé ou
ie espère que sans faulte on a
embarqué oies, canards, veaux
moultons, poulardes, voire

l'arbre de Normandie, ie révère l'un &
l'austre et vous aussy, mais si ce estoit
l'arbre de vigne nous lui tirerions plus
bas nostre bonet.

Vous voyez non loing la représentation
& effigie d'un des maistres des escholes
parisianes au temps iadis. C'estoit
maistre Abeilard dont sans nul dou-
te avez entendu parler, home de grand renom, sapience il a-
voit plus qu'humaine, mais sapience & clergie ne l'empeschè-
rent de faillir, come eussent pu le faire de moindres clercs, vous ou
moy si eussions esté à sa place. A costé de l'ymaige de maistre
Abeilard est celle de Héloyse qui fust plus tard abbesse des
Nonains d'Argenteuil, & qui pour lors en son prime aage escoutoit
trop voulentiers les leçons de maistre Abeilard, si ce n'avoit esté
que en philosophie cela n'eust esté
grand mal, quoique ie ne pense
que mesme a force de maillets, sapience puisse entrer dans la tes-

te des femes. Or ça bons pédagogues
essayez tout aultant que voudrez, ie ne
crains poinct que mary me baille démenty
Pourcéquoi donques, gramairiens fistes
vous le mot  sagesse du sexe féminin
Cesty qui eut ceste idée estoit lui-
mesme un maistre fol tout mata-
grabolisé de la cervelle, il ne

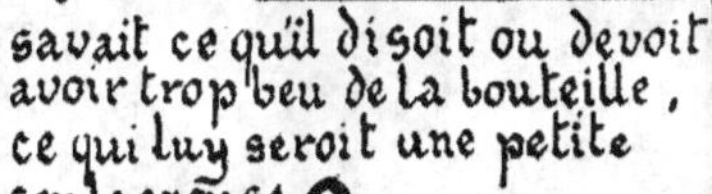

savait ce qu'il disoit ou devoit
avoir trop beu de la bouteille,
ce qui luy seroit une petite
seule excuse. Ordoncques, come
bien pensez toutes ces leçons de-
voient finer mal pour le paouvre
maistre Abeilard, d'autant que
messire Fulbert, chanoine  de  Nostre Dame, lequel
estoit oncle de Héloyse, passait poinct pour home de
doulceur & dé-
bonaireté.
La male
heure surve-
nue un mais-
tre masson &
y maigiertail-
ta en la pierre
les figures de
maistre Abei-
lard & de Hé-
loyse, pour
mettre à tout
our en mes-
moire à tous
que parler

sapience & philosophie avecque les dames est chouse in-
congrue & pleine de dangiers.
Vous plaît-il que nous parlions sciences hermétiques

& matières abs-
couses? Si ouy
messeigneurs,
prenons siège
devant pot de
cervoise à la
lamproye, & bail-
lez moy vos oreil-
les en portant les
yeulx sur les
ymaiges entail-
lés dans la pierre
sur la maison
droict devant vous
Vous y estes?
Le vielhome que
voyez à genouils
devant le Père
le Fils & le Sct
Esprit fust en
son vivant maistre
Nicolas Flamel
enlumineur &
rubriqueur de li-

vres, moult scavant, ayant son échoppe à la Fleur de lys
sous l'église Sct Jacques la boucherie, riche home ayant en
ses caves sacs d'écus d'or a foison, pour le moins autant
& plus que le roy en celles de sa tour du Louvre
Estoit scavant & dextre enlumineur, mais côme chascun saict, peintres malgré tout sont touiours
paouvres queux, & messire Nicolas Flamel
estoit le plus cousu d'or bourgeois de Paris a
Rome
Coment? Au grand péril de son ame,
maistre Nicolas, chascun jour depuis sa prime enfance,

s'adoñait en une chambrette bien close
aux recherches d'alchimie & sorcellerie, Ce
estoit pourtant hom'e de bien pour le res-
te, & fidèle paroissien de Sct Jacques, dévot
a son patron & à madame la Vierge, mais
pour ce qu'il avait esté mal conseillé par
un médycin juif d'Hespaigne, il
risquoit les buchers pour son
corps & l'enfer pour son ame
ce qui est vrai'ment ai'mer un
peu trop le chaud, cecy serait
poinct mon affaire & pourtant
crains-je les engelures.

Pour rachapter ses faultes
il doüait beaucoup de ses
biens aux paouvres, nour-
rissoit les orphelins, fondoit des hos-

pices pour les péré-
grins & les malades,
& logeoit le menu peu
ple en ses maisons, &
ne demandoit pour
redepvance qu'un
Pater & un Avé par
chascun jour. Or il
n'avoit, pour ces lar-
gesses faire, poinct grand peine car il avoit treuvé
la pierre philosophale que sorciers & alchimistes
cherchent & qui est le moyen de transmuer le plomb

ou cuivre en or pur ce
qui est de bien grande
comodité en ce monde.
Maistre Nicolas ne se
contentoit de si peu,
& tout iuste au moment
ou Satan, le voyant de-
venu viel home, guettoit son âme
pour la iecter en ses chaudières, il
avoit treuvé le secret de l'elixir de
longue vie & après avoir bu son content
en avoit doué a sa féme Perrenelle ce que
tous les marys, mesmes assez bons, ne
feroient peut etre pas, crois-je!
Or doncques ne croyez pas maistre
Nicolas mort si voyez son tom-
beau en belles pierres taillées avec
ymaiges dévotieuses à Sct Jacques,
maistre Nicolas & sa féme sont par-

tis en pays estranges, chez les Sarrazins, où
d'aucuns pelerins les ont vus & jusqu'au jour
du jugement, ils resteront en éternelle jouvence.
Mais fauldra bien finer par com paroi come nous
aultres paouvres simples pescheurs, devant le Seigneur juge des âmes & peseur des peschés, a moins
qu'ils n'aient lors encore provision de la bouteille & assez forte, ce que ie ne scais, pour esquiver ceste
iornée des comptes bons ou maulvais.

Dict on aussy que les caves de leur logis par-
fondes come hypogées de la tant vielle
Ægypte, sont pleines de leur or, bien
mussé en huches de fer, que gar-
dent un petit farfadet taut plus
maulvais a luy tout seul come six
cents douzaines de dyableteaulx
affamés & enraigés.
Certains adventuriers ont bien
cherché en prononçant formules ca-
balicques, mais ie ne les veuil imiter pour ne poinct risquer mon âme, veu que
ie n'en ai qu'une.

 orcellerie n'est elle pas aussy un peu dans
la maison d'à costé & pierre philosophale
aussy, j'entends pierre philosophale de sapience, ce qui est mieux & tout aultre, ie le
dis, car se contenter doict on de ce qu'on a
& suis plus riche en ceste denrée de toutes
sciences qu'en écus florins & ducats, le
Bœuf couronne le saict trop bien, lequel a
parfoiz la meschanceté de me refuser
credit.

En ce logis se praticque l'art nouveau dict Imprimerie,
par lequel tous livrets des scavants hômes de cestuy
temps & des aages anciens sont escripts par artifice mer-
veilleux en nombre que voulez, & se peuvent achapter pour
deux sols & respandre ainsy histoyre, philosophie, poesie
de par tous pays, au lieu qu'il vous fallait ruiner naguère
pour les moindres petits livrets des maistres scripteurs,
mesme sans enlumineure ni rubricquage.

abcdefghiklmnopqrstuvxyz

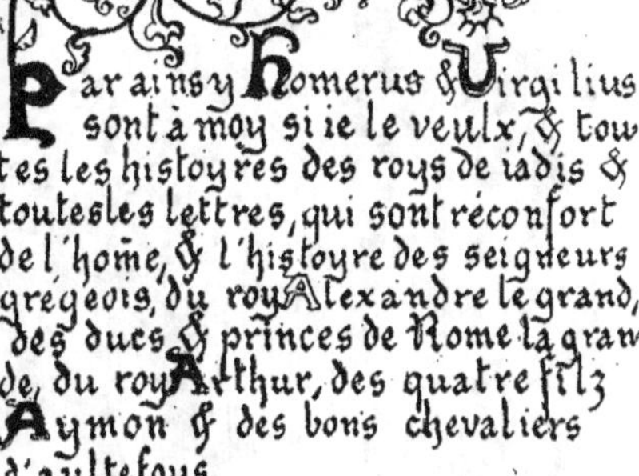

Par ainsy Homerus & Uirgilius
sont à moy si ie le veulx, & tou
tes les histoyres des roys de iadis &
toutes les lettres, qui sont réconfort
de l'home, & l'histoyre des seigneurs
gregeois, du roy Alexandre le grand,
des ducs & princes de Rome la grau
de, du roy Arthur, des quatre filz
Aymon & des bons chevaliers
d'aultefoys

Or doncques l'inventeur de cestuy
grand & bon mestier, un paouure
allemand de part delà le Rhyn, lequel
avoit nom Iehan Goudanbert, replan
te merveilleusement l'arbre de science
& l'a fait reflorir à iamais, car sans
luy, ie vous le dis, tous ces copistes
a force d'introduire faultes horrific-
ques, d'incornifistibuler changements
malintentionés, & mesme asneries de
leur cru dans les textes, nous auraient
perverti l'entendement & sofistiqué
l'hystoire de ce monde! & buvons
donc, s'y plaist, à la santé de luy,
la pomme de pin est là, notable
taverne où vont gens de bien,
manoir de bons esperits aymant

les rymes
tout aultant
que les pots
& les hanaps,
pleins, s'en-
tend, car vui-
des ie les

desprise tout aultant comme os privés de moelle substan-
tificque & livres despourvus de lettres.

A la Pôme de pin ie n'ai auculnement paour de treuver
la secheresse dans les brocs, certes, veu que ceulx
que ie ay vuidé hier avecque bons compaignons, le taver-
nier les a remplis du suc de ses caveaulx, tant plus que nuls
aultres hérétícques, contempteurs du Sacrement du Baptes-
me & ennemys de l'eau, lequel élément seroit le plus honý
de moy, le plus desprisable de tous, sy ie ne avois entendu
dyre a certains laboureurs quîl en falloit par les champs
pour faire advenir les choux & navetz.

La gentille & doulce a mon cœur Pôme de pin est
très anticque monument de la cité de Paris & nos
peres grands & ancêtres l'ont coyneue & hantée. Les pots
y avoient ils mesme capacité que cejourd'huy, les hystoriens
ont oublié de le marquer, ie le pense pourtant & mesme
doulceur trouvait on à son hypocras. Vielles chansons
le disent, la Pôme de pin existoit en l'an MCC, & ie pense
que jongleurs, ménestels, joyeulx rythmeurs devers-

de ces temps, tout come de cestuy cy, y venoient voulentiers
poser le coude dessus la table & aussy bien le lever, come
faisons le plus souventes foys  qu'il est possible, jusques
a heure du couvre-feu seulement, pour ne poinct offusquer
les ordonances de messire le chevalier du guet & aussy
ne poinct risquer de rencontrer en quelque carrefour vi-
lains tirelaines a l'embuscade.
Icy pres voyez le closcher d'une Eglise qui me tient a
cœur, car sachez que suis poëte rythmeur de vers, les-
quels sont musicque naturelle sans instrumens & que
par ainsy art de musicque est mien tout aultant que sy
je praticquois rebec, luth ou viole. Ceste eglise est a

Monseigneur St Julien & elle est
dicte des menestriers, car elle est appar-
tenante à la tant honourable, anticque,
illustre & prétieuse confrérie des menestriers,
toute la corporation de l'art de menestellerie, chan-
tres & joueurs d'instrumens, qui furent aultre-
fois menestrels attachés a la court du roy ou
des ducs & seigneurs en leurs chasteaux
pour la delectation des chevaliers & des
dames & la glorificquation des faicts de la

23

belle chevalerie, qui furent aussy les jongleurs
joyeulx & jongleresses, qui par gaie science, tours
mystères religieux ou devis profanes, amusoient
les dicts princes en leurs grandes salles de ban-
quets & festins, tout aultant côme les bourgeois
sages les clercs & le bon populaire sur la grand
place des bonnes villes ou des bourgs

Oh! ce bon vieulx temps passé! côme nostre aage présent est sérieux & tout trescassé &
embourricqué d'affaires & éloingné desa tant
doulce sereinité d'esperit, bône hômie & belle hu-
meur! Je n'en charge point nostre bon Roy,
ce n'est sa faulte, mais celles de nous tous!
Allons, laissons ces pensers moroses, taschons

de boire frais & revenons aux ménestrandiers de ce jour·
d'huy. Si jongleurs & jongleresses sont du temps de la royne Berthe, ou pour tout le moins de la royne Ysabeau, & mesme si les vieulx instrumens de nos pères grands sont de-
laissés come la harpe, la gigue, le tympanon, le psalté-
rion ou la cyphonie qui resjouissoient les oreilles nobles & vilaines de iadis, du moins pouvons nous en ces jours d'huy régaler les nostres à leur aise avecque les guiternes & rebecs particulièrement pour chastouiller les oreilles des da-mes & damoyselles en accompagnant chanson d'amour

par manière d'aubade & sérénade, escouter en resvassant de poésie le luth & la viole, joyeusement danser avecque les joueurs de flajol, de haultbois de sacquebutte, de bombarde ou doulcine que nous appelons aussy cornemuse, ou, si voulons partir à la guerre derriè-re tabourineurs & bedonistes des bandes de francs archers du roy, mais ce n'est mon affaire veu que ie suys paisible home d'estude & d'erithmes. Il n'importe, tous ceulx là sont confrères ménestriers de Sct Iulien, sous la

juridiction & administration du grand prévost
de S.<sup>t</sup> Julien, roy des jongleurs lequel est
actuellement maistre Jerosme Picolet, aussy
roy des violons du Roy en son Louvre, &
seigneur de toutes ménestrandies du royaulme de France, pour l'honneur de S.<sup>t</sup> Julien
qui hébergeoit les paouvres, S.<sup>t</sup> Genest jongleur du
temps des payens romains, home de bien & martyr de la
foy christiane, & du roy David qui jouait mélodieu-
sement de la harpe, lesquelz tous trois sont enfigurés
au portail de l'eglise pour la dévotion de tous ceulx qui
praticquent ou ayment l'art de musicque, ce pourquoy
moy come vous, tirons leur nostre bonet en toute ré-
vérence

Boutiques de marchands sont pleines de chouses de
bone industrie & matière en toutes icelles rues,
& voyez les au travail ces bouticquiers & ouvriers
agréables a l'estangier come tout le peuple de Paris
& sousriez aux marchandes, ie vous prye, par politesse.
Je voys en ces échoppes tout ce que peut ouvrer l'aage présent, & aussy des chouses antiques de
beauté singulière gui de matière précieuse come or ou
argent ou aultre. L'estat de mon escarcelle me permet
seulement de regarder, mais ie voys qu'il y a de toutes

chouses boñes & belles, on trouve
tout à Paris & mesme davantage,
dict un comun proverbe qui est bien
veridicque. Aussy poinct ne vous es-
tonnez si vous estes amateur
d'anticquités de trouver là parmy
joyaulx, parures & ymaiges anticques
le heaume de messyre Añybal
général des armées de Carthage,
t'oliphant du bon paladin Roland,
l'agrafe du manteau de l'empereur
Pepin ou la ceinture de la royne
Blancheflor, ou sy mieulx aymez
mesme son boñet de nuict.

Sur le proupos des chouses
anticques il y a tout proche,
dans la rue dénomée des remparts, restes de murailles de grand
ancieneté parmy lesquelz sont
logées maisonettes boulicques &
eschoppes où d'aulcuns marchans
ont ouvriers & etaux, vous les
pouvez voir toutes débrisées, et
sy vous congnoissez en art militai-
re & deffence des villes, me feriez
contentement de me dire en quel
temps elles furent constuictes?

Vu la grande anticquité & illus-
tration de la cité parisiane
elles comptent années par
milz & centz, elles ont outrepassé
sans doucte le temps où venoient
par fleuves & rivières avecque
leurs escadres assaillir nos

villes, les routiers de
la mer que nomons
Normands qui ont
conquesté Rouen &
l'isle d'Albion, lesquelz
s'ils ne purent eschel-
ler Paris laissièrent tous a l'entourg pillés, brulés
& desgatés. Paris s'est fort agrandi depuis, ces
murs sont peut être du siecle oy Rome la grande nous tenoit en oppression. & disent les unz,
polissoit la barbarie de nos mœurs lesquelles estoient pour lors non si doulces aultant qu'aux
jours d'huy, ce que ie ne veuil croire attendu
que mon grand pere estoit home bon & doulx lequel disoit que son pere grand a luy l'estoit davan-
taige. Et ie ne veuil parler de
nos grands meres! Mon ceulx
là seuls ont vraie raison & sont
bons filz de leurs doulx peres & meres anciens qui ne vont pas noir-
cissant & desprivant le bon vieulx
temps. De bon vieulx temps en bon
vieux temps, messire, ne arrivons
nous pas tout droict au Paradys
terrestre que perdimes par la
faulte de nostre première mere-
grand, madame Eve! Vous voyez bien que ie ai raison decrier
touiours vive iadis!

Mais ie en oublye nos murailles, ce est donc, il se peult,
les payens romains qui les basti-
rent quand ils construisirent
le Grand Chastelet pour des-

fendre le grand pont de Paris, ou le Palais pour
loger Julius César, ou bien ce est nostre roy Pharam
mond, ce que ie aimerays mieulx, ou bien encore les
roys gaulois qui régnaient paravant & dont ie ne
says plus bien les noms, veu que ils sont difficiles à
prononcer, la langue francoise ayant depuis lors beau
coup changé, ainsy qu'on le voit dans le mot Paris qui
se prononçoit au temps des romains Lutecia & tout
aultrement sans doubte paravant.

Parmy ces vieulx logis où tout me done remenbrance
de nos tant bons & braves ancestres, ie vois là bas
poincter le toit poinctu de certaine tourelle que ie
congnois bien. C'est la justice de l'abbaye de Sainct
Germain-des-prés, du moins son pilory. Avez-vous
par hazard desja esté piloryse? Non? Moy ie le
fus en ma prime jeunesse. Ne allez poinct me croyre
pour cela ung malandrin ou larroñeur, à cestuy

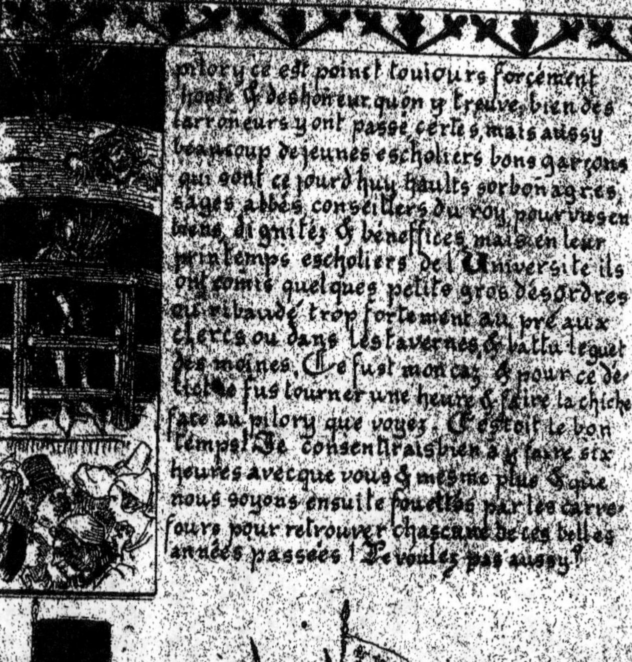

pilory ce est point toulours forcément
honte & deshoñeur qu'on y treuve, bien des
larroneurs y ont passé certes, mais aussy
beaucoup de jeunes escholiers bons garçons
qui sont ce jourd'huy haults sorbonagres,
sages abbés, conseillers du roy, pour vivre en
biens, dignités & bénéffices mais en leur
printemps escholiers de l'Université ils
ont comis quelques petits gros désordres
eu ribaudé trop fortement au pré aux
clercs ou dans les tavernes & battu le guet
des moines. Ce fust mon cas, & pour ce dé-
lictée fus tourner une heure & faire la chiche
face au pilory que voyez. C'estoit le bon
temps! Je consentirais bien à y faire six
heures avecque vous & mesme plus & que
nous soyons ensuite fouettés par les carre-
fours pour retrouver chascune de ces belles
années passées! Le voulez pas aussy?